CHAMBRE DE COMMERCE
de Troyes

RÉVISION

DE LA

CONVENTION INTERNATIONALE

Du 20 Mars 1883

POUR LA PROTECTION
DE LA PROPRIÉTÉ INDUSTRIELLE

Séance du 4 Décembre 1885

TROYES

IMPRIMERIE ET LITHOGRAPHIE DUFOUR-BOUQUOT

RUE NOTRE-DAME, 43 ET 41

1886

RÉVISION

DE LA

CONVENTION INTERNATIONALE

Du 20 Mars 1883

POUR LA PROTECTION

DE LA PROPRIÉTÉ INDUSTRIELLE

Séance du 4 Décembre 1885

TROYES

IMPRIMERIE ET LITHOGRAPHIE DUFOUR-BOUQUOT
RUE NOTRE-DAME, 43 ET 41

1886

CHAMBRE DE COMMERCE DE TROYES

RÉVISION

DE LA

CONVENTION INTERNATIONALE

Du 20 Mars 1883

POUR LA PROTECTION

DE LA PROPRIÉTÉ INDUSTRIELLE

Séance du 4 Décembre 1885

Présidence de M. Félix FONTAINE

Au nom de la Commission[1] chargée de l'examen des modifications à apporter à la Convention internationale pour la protection de la propriété industrielle, M. Jules Herbin donne lecture du rapport suivant :

Messieurs,

Le 20 mars 1883, une convention internationale pour la protection de la propriété industrielle, a été conclue entre les onze États suivants : la Belgique, le Brésil, l'Es-

---

[1] La Commission était composée de MM. Emmanuel Buxtorf, Paul Raguet, et Jules Herbin, rapporteur.

pagne, la France, le Guatemala, l'Italie, les Pays-Bas, le Portugal, le Salvador, la Serbie et la Suisse.

Depuis cette époque, l'Angleterre, la Turquie, les républiques Dominicale et de l'Équateur, la Suède et la Norwège signèrent aussi cette convention qui fut déposée au Sénat en mai 1883 et adoptée le 30 juin suivant; puis, promulguée le 25 janvier 1884, après avoir été adoptée par la Chambre des Députés le 19 janvier, sans aucune discussion.

En vertu de l'article 18, cette convention est en vigueur en France depuis le 6 juillet 1884; c'est sur cette convention, qui peut être révisée ou dénoncée, que M. le Ministre du Commerce a demandé à la Chambre de lui transmettre les observations qu'elle peut avoir à présenter.

Votre Commission, après avoir étudié les dix-neuf articles de la convention, a l'honneur de vous soumettre le texte de chacun d'eux et les observations suivantes :

Art. 1. — L'article 1er énumère seulement les noms des divers États qui, avec le nôtre, font partie de l'Union pour la protection de la propriété industrielle.

Art. 2. — L'article 2 est ainsi conçu :

Les sujets ou citoyens de chacun des États contractants jouiront, dans tous les autres États de l'Union, en ce qui concerne les brevets d'invention, les dessins ou modèles industriels, les marques de fabrique ou de commerce et le nom commercial, des avantages que les lois respectives accordent mutuellement ou accorderont par la suite aux nationaux. En conséquence, ils auront la même protection que ceux-ci et le même recours légal contre toute atteinte portée à leurs droits, sous réserve de l'accomplissement des formalités et des conditions imposées aux nationaux par la législation intérieure de chaque État.

Selon nous, cet article est contraire aux principes de réciprocité; car, parmi les nations faisant partie de l'Union, se trouvent la Hollande, la Serbie et la Suisse, qui n'accordent point de brevets d'invention. Depuis la signature de la convention, aucun de ces trois Etats n'a promulgué de loi établissant les brevets, et il est peu probable qu'il en existe bientôt; ainsi, en Suisse, en 1882, un projet de loi sur les brevets d'invention, soumis au vote populaire, fut complètement rejeté.

La Serbie, la Suisse et les Pays-Bas se trouvent donc vis-à-vis de nous dans une situation exceptionnelle, et nous pensons qu'il eût été préférable d'établir pour ces Etats des conditions spéciales, protégeant la propriété industrielle seulement, et non les brevets d'invention.

Art. 3. — *Sont assimilés aux sujets ou citoyens des Etats contractants, les sujets ou citoyens des Etats ne faisant pas partie de l'Union, qui sont domiciliés ou ont des établissements industriels ou commerciaux sur le territoire de l'un des Etats de l'Union.*

Cet article est encore plus contraire à nos intérêts que le précédent; en effet, il assimile aux citoyens des Etats qui ont adhéré à l'Union ceux des nations non contractantes, à là condition qu'ils aient un établissement dans l'un des Etats signataires de la convention. Or, il suffira aux nationaux d'un pays ne faisant pas partie de l'Union, d'avoir un simple magasin, un dépôt, un bureau, en un mot, un loyer très minime, pour jouir de tous les avantages accordés aux citoyens des nations signataires; tandis que nous, nous ne pouvons profiter des mêmes avantages dans le pays de ces étrangers favorisés.

Ici encore, la réciprocité est méconnue, car nous offrons à des industriels ne faisant pas partie de l'Union un moyen très facile de profiter de tous les avantages qu'elle peut présenter, sans en avoir les charges.

Art. 4. — *Celui qui aura régulièrement fait le dé-*

pôt d'une demande de brevet d'invention, d'un dessin ou modèle industriel, d'une marque de fabrique ou de commerce, dans l'un des Etats contractants, jouira, pour effectuer le dépôt dans les autres Etats, et sous réserve des droits des tiers, d'un droit de priorité pendant les délais ci-après.

En conséquence, le dépôt ultérieurement opéré dans l'un des Etats de l'Union avant l'expiration de ces délais ne pourra être invalidé par des faits accomplis dans l'intervalle, soit, notamment, par un autre dépôt, par la publication de l'invention ou son exploitation par un tiers, par la mise en vente d'exemplaires du dessin ou du modèle, par l'emploi de la marque.

Les délais de priorité mentionnés ci-dessus seront de six mois pour les brevets d'invention, et de trois mois pour les dessins ou modèles industriels, ainsi que pour les marques de fabrique ou de commerce. Ils seront augmentés d'un mois pour les pays d'outre-mer.

Cet article nous paraît conforme aux intérêts des inventeurs; car, il leur était toujours difficile de prendre simultanément un brevet dans divers Etats. En outre, certains inventeurs auxquels les moyens pécuniaires ne permettaient pas de disposer de la somme nécessaire pour acquitter plusieurs droits à la fois, étaient souvent obligés d'avoir recours à des tiers aux noms desquels le brevet était pris à l'étranger, moyennant une part dans le produit de l'exploitation. Cet inconvénient disparaît avec le présent article; mais, pour que ce dernier fût complet, il devrait contenir une clause établissant que : « Tous les brevets qui jouiront du bénéfice de l'article 4 prendront date, pour leur expiration, du jour de la première demande du brevet dans l'un des pays de l'Union, » afin que leur durée ne soit point prolongée dans les Etats de l'Union, du temps qui se sera écoulé entre la première demande et celles qui viendront après.

Art. 5. — *L'introduction par le breveté, dans le pays où le brevet a été délivré, d'objets fabriqués dans l'un ou l'autre des Etats de l'Union, n'entraînera pas la déchéance.*

Toutefois, le breveté restera soumis à l'obligation d'exploiter son brevet conformément aux lois du pays où il introduit les objets brevetés.

L'article 5 est assurément un de ceux sur lesquels nous devons appeler tout particulièrement votre attention ; il est, croyons-nous, le plus dangereux de tous et le plus contraire aux intérêts généraux de notre travail national. Cet article, fort court, est divisé en deux alinéas, qui, au lieu de se compléter, se détruisent.

Par le premier, on livre notre industrie à la merci des nations ayant des prix de main-d'œuvre inférieurs aux nôtres ;

Par le second, on semble vouloir faire respecter la loi actuelle du 5 juillet 1884, sur les brevets d'invention, qui déclare déchu de ses droits *le breveté qui aura introduit en France des objets fabriqués en pays étranger et semblables à ceux garantis par son brevet.*

Nous disons que la première partie de l'article 5 de la convention nous est défavorable ; et, en effet, jusqu'à sa mise en vigueur, tout Etranger ou Français devait faire fabriquer en France les objets qu'il faisait breveter ; c'était donc pour notre pays un avantage considérable.

Aujourd'hui, tout breveté peut introduire ses produits chez nous en les faisant fabriquer dans une nation signataire de la convention, et il le fera certainement, s'il y a avantage.

Or, nous pouvons sans crainte dire qu'en France la main-d'œuvre étant plus élevée que dans la généralité des Etats de l'Union, ce sera hors de nos frontières que nous verrons fabriquer des objets, des machines, brevetés en notre pays et qui y seront vendus. On pourrait objecter qu'un étranger aurait avantage, parfois, à ne point faire breveter son produit nouveau en France, s'il était tenu de l'y faire fabriquer, et que ce produit y entrerait néanmoins. Cette hypothèse est possible; mais alors, cet objet n'étant pas breveté chez nous ne serait plus au profit exclusif d'un étranger, et nous n'y verrions aucun inconvénient; constructeurs et consommateurs français ne pouvant qu'y gagner.

La seconde partie de l'article 5 fait allusion à la deuxième cause de déchéance des brevets d'invention, celle qui peut être prononcée pour défaut d'exploitation, — la première étant celle de l'introduction d'un objet breveté.

Il nous semble bien difficile, Messieurs, de mettre d'accord les deux parties de cet article; car, si d'une part le breveté reste soumis à l'obligation d'exploiter son brevet conformément à la loi française, il faut qu'il continue à faire fabriquer en France l'objet breveté; et, d'autre part, il a le droit de le faire entrer, à condition qu'il sorte d'un pays faisant partie de l'Union. Comment concilier ces deux textes? Entendrait-on seulement par « exploitation » la vente d'un objet breveté et non sa production? Nous ne le pensons pas.

On remarquera encore qu'un produit allemand, étranger à l'Union par conséquent, mais breveté en France, peut être introduit en Suisse, où il n'existe pas de brevets d'invention, et réexpédié chez nous comme de provenance Suisse, c'est-à-dire, comme sortant d'un pays de l'Union. En effet, l'article 5 dit simplement : « l'introduction par le breveté, — sans désigner s'il doit ou non faire partie de l'Union, — dans le pays où le brevet a été délivré, d'objets fabriqués dans l'un ou l'autre des Etats de l'Union n'entraînera pas la déchéance. »

Donc, un étranger à l'Union, breveté en France, peut fabriquer dans son pays et introduire chez nous un objet qui y est breveté, en prenant tout simplement l'intermédiaire d'un pays de l'Union, n'ayant pas de brevets d'invention, sans encourir la déchéance de son brevet.

En résumé, l'article 5 compromet le travail national et porte atteinte à la loi française; nous en demandons la suppression complète.

Art. 6. — *Toute marque de fabrique ou de commerce régulièrement déposée dans le pays d'origine sera admise au dépôt et protégée telle quelle dans tous les autres pays de l'Union.*

Sera considéré comme pays d'origine le pays où le déposant a son principal établissement.

Si ce principal établissement n'est point situé dans un des pays de l'Union, sera considéré comme pays d'origine celui auquel appartient le déposant.

Le dépôt pourra être refusé, si l'objet pour lequel il est demandé est considéré comme contraire à la morale et à l'ordre public.

Cet article est un de ceux qui nous paraissent le plus conformes à l'intérêt général. Nous ne verrions rien à lui reprocher si le troisième paragraphe ne donnait encore lieu, comme l'article 3, à une dangereuse ambiguité relativement à l'établissement principal du déposant d'une marque de fabrique, lorsqu'il n'est point sujet de l'un des Etats de l'Union.

Art. 7. — *La nature du produit sur lequel la marque de fabrique ou de commerce doit être apposée ne peut, dans aucun cas, faire obstacle au dépôt de la marque.*

Art. 8. — *Le nom commercial sera protégé dans tous les pays de l'Union sans obligation de dépôt, qu'il fasse ou non partie d'une marque de fabrique ou de commerce.*

Ces deux articles ne nous semblent motiver aucune observation.

Art. 9. — *Tout produit portant illicitement une marque de fabrique ou de commerce, ou un nom commercial, pourra être saisi à l'importation dans ceux des Etats de l'Union dans lesquels cette marque ou ce nom commercial ont droit à la protection légale.*

La saisie aura lieu à la requête, soit du ministère public, soit de la partie intéressée, conformément à la législation intérieure de chaque Etat.

Art. 10. — *Les dispositions de l'article précédent seront applicables à tout produit portant faussement, comme indication de provenance, le nom d'une localité déterminée, lorsque cette indication sera jointe à un nom commercial fictif ou emprunté dans une intention frauduleuse.*

Est réputé partie intéressée tout fabricant ou commerçant engagé dans la fabrication ou le commerce de ce produit, et établi dans la localité faussement indiquée comme provenance.

Ces deux articles, qui se complètent l'un par l'autre, sont, après les articles 3 et 5, les plus importants de la convention; ils établissent les droits et le respect des marques de fabrique dont ils deviennent la sauvegarde dans une certaine mesure, et ils règlent la procédure de saisie en cas de contrefaçon. Mais nous ne comprenons pas que, pour l'article 9, la réputation, la renommée d'un pays spécial de fabrication ou de production ne soient point protégées; et, en effet, la convention ne protège qu'un nom commercial, une marque de fabrique ou de commerce.

L'article 10 autorise la concurrence étrangère à se servir de nos noms de villes pour désigner une marchandise fabriquée ou produite souvent à trois cents lieues de là, lorsque ce nom de ville n'est point accompagné d'un nom commercial.

Nous trouvons qu'il est trop large, trop généreux, cet

article 10; nous voudrions qu'un nom de ville fût respecté autant qu'un nom de personne; car, il est des localités, des provinces, où là seulement on peut obtenir pour certains produits la qualité qui fait leur réputation.

Pour ne citer que peu d'exemples, — car ce qui se passe pour les vins peut s'appliquer à toutes les industries, — nous dirons que nulle part on ne trouvera des vignes capables de produire nos crûs si renommés du Bordelais, de la Bourgogne et de la Champagne. Et cependant, avec l'article 10, les plus mauvais vins étrangers, naturels ou fabriqués, que puissent produire des imitateurs, auront le droit d'étaler pompeusement sur leurs étiquettes les noms célèbres de Saint-Emilion, Bordeaux, Pommard, Chambertin, Ay, et ceux plus génériques de Champagne, Bourgogne.

Nous ferons les mêmes observations pour la bonneterie française, celle de Troyes en particulier; pour les draps de Sedan, d'Elbeuf, et tous autres produits renommés.

On nous objectera que partout, avec les mêmes machines et les mêmes matières, on peut obtenir les mêmes produits, et que le nom de la ville désignée ne veut pas dire que la marchandise y ait été fabriquée, mais qu'elle est semblable à celle qui, grâce à sa qualité, a mis ce nom de ville en relief. Non, Messieurs, il n'en est pas ainsi; chaque pays a une spécialité qu'il produit mieux et dans de meilleures conditions que d'autres, et pour laquelle d'ailleurs le lieu d'origine est un droit de plus-value accepté par le consommateur; chaque jour, nous en avons des preuves.

La Cour de cassation donne à notre revendication l'appui de sa haute autorité par l'arrêt qu'elle a rendu le 8 juin 1847, ainsi conçu :

« Il n'y a pas usurpation d'un nom de lieu lorsque des
» vins sont marqués du nom d'un lieu autre que celui où
» le marchand possède ses magasins et bâtiments d'exploi-
» tation, pourvu que le nom du lieu soit bien celui du crû
» où est récolté le raisin. »

Donc, il y a usurpation d'un nom lorsque le nom employé n'est pas celui du lieu où a été récolté le raisin, où a été produite la marchandise.

D'autre part, les tribunaux de Paris, de Grenoble et d'Amiens, ont rendu des jugements établissant que : « l'u-
« surpation d'une marque ou d'un nom ne pouvait être
« légitimée par l'usage même le plus ancien. Le proprié-
« taire du nom est seul juge de l'opportunité des pour-
« suites. Il les exerce quand et contre qui il lui plaît de les
« exercer. »

Par conséquent, de ce que certains noms de personnes ou de villes sont constamment employés pour désigner des produits ne provenant ni de ces villes, ni de la fabrication personnelle des inventeurs dont ils portent le nom, on ne peut arguer qu'il soit actuellement impossible de réagir contre cet usage en faveur d'autres villes.

Nous ne croyons pouvoir mieux terminer notre résumé sur ces deux articles, qu'en vous citant l'avis exprimé sur cette question, le 16 octobre dernier, par M. de Combe-rousse, président de la Société des Ingénieurs civils :

« Mettre son nom au lieu et place de celui d'un autre,
« c'est voler un individu ; mettre le nom d'une ville étran-
« gère sur sa marchandise, c'est voler une ville entière au
« lieu de ne voler qu'un individu ; le vol est plus considé-
« rable. »

Nous protestons donc contre l'autorisation ainsi donnée aux étrangers de se servir faussement d'un nom de ville ou de province, pour dénommer une marchandise ou un produit plus ou moins bien imités, mais qui ne proviennent pas du lieu dont ils usurpent le nom.

Nous considérons cette autorisation comme contraire aux intérêts des vrais producteurs, à quelque pays qu'ils appartiennent.

Art. 11. — *Les hautes parties contractantes s'engagent à accorder une protection temporaire aux inventions brevetables, aux dessins ou modèles industriels ainsi qu'aux marques de fabrique ou de commerce, pour les produits qui figureront aux expositions internationales officielles ou officiellement reconnues.*

Cet article, croyons-nous, n'offre pas grand intérêt à la masse des inventeurs, ceux-ci étant toujours intéressés à demander un brevet avant de livrer leur découverte à l'examen du public.

On assure que lors des expositions précédentes, il a été délivré un grand nombre de certificats provisoires décrivant l'objet exposé, et assurant à ceux qui les ont obtenus les mêmes droits que leur aurait conféré un brevet d'invention ou un dépôt légal de dessin, à compter de leur admission à l'exposition et pendant un certain temps après la clôture. L'inventeur avait ainsi le temps de juger si son invention était bonne et s'il avait avantage à la faire breveter.

Cet article accorde les mêmes facilités et protection aux modèles industriels, aux marques de fabrique ou de commerce; nous ne verrions aucun inconvénient à ce qu'il fût conservé tel.

Art. 12. — *Chacune des hautes parties contractantes s'engage à établir un service spécial de la propriété industrielle et un dépôt central pour la communication au public des brevets d'invention, des dessins ou modèles industriels, et des marques de fabrique ou de commerce.*

Nous ne pouvons qu'applaudir à la pensée qui a présidé à la rédaction de cet article. Assurément, la création par chacun des Etats contractants d'un dépôt central pour la communication aux intéressés des brevets d'invention, marques, modèles, dessins, etc., rendra de grands services en facilitant des recherches jusqu'alors dispendieuses.

Néanmoins, nous ferons une réserve relativement aux

puissances qui ne délivrent pas de brevets et qui, par conséquent, ne peuvent nous faire profiter des avantages que nous
leur offrons.

Art. 13. — *Un office international sera organisé
sous le titre de « Bureau international de l'Union pour la
protection de la propriété industrielle. »*

*Ce bureau, dont les frais seront supportés par les
administrations de tous les Etats contractants, sera placé
sous la haute autorité de l'administration supérieure de
la Confédération Suisse, et fonctionnera sous sa surveil-
lance. Les attributions en seront déterminées d'un commun
accord entre les Etats de l'Union.*

On pourrait faire remarquer qu'il est anormal de voir la
Suisse posséder l'office international, elle qui, au point de
vue des brevets, n'a aucun intérêt à défendre.

Votre commission pense néanmoins, que malgré cette
juste critique, la Confédération hévétique, en raison de sa
situation d'Etat neutre, peut rester dépositaire et gardienne
du bureau international.

Les articles 14 à 19 qui suivent, ne concernant que le
fonctionnement de l'Union, l'admission des Etats non encore
adhérents, et la révision ou la dénonciation de la Convention,
nous vous en donnons simplement lecture avant de conclure.

Art. 14. — *La présente Convention sera soumise
à des révisions périodiques en vue d'y introduire les amé-
liorations de nature à perfectionner le système de l'Union.*

*A cet effet, des conférences auront lieu successivement,
dans l'un des Etats contractants, entre les délégués desdits
Etats.*

La prochaine réunion aura lieu, en 1885, à Rome[1].

---

[1] Cette réunion n'aura lieu qu'en 1886,

Art. 15. — *Il est entendu que les hautes parties contractantes se réservent respectivement le droit de prendre séparément, entre elles, des arrangements particuliers pour la protection de la propriété industrielle, en tant que ces arrangements ne contreviendraient point aux dispositions de la présente convention.*

Art. 16. — *Les Etats qui n'ont point pris part à la présente convention seront admis à y adhérer sur leur demande.*

Cette adhésion sera notifiée par la voie diplomatique au gouvernement de la Confédératiou Suisse et par celui-ci à tous les autres. Elle comportera de plein droit, accession à toutes les clauses et admission, à tous les avantages stipulés par la présente Convention.

Art. 17. — *L'exécution des engagements réciproques contenus dans la présente convention est subordonnée, en tant que de besoin, à l'accomplissement des formalités et règles établies par les lois constitutionnelles de celles des hautes parties contractantes qui sont tenues d'en provoquer l'application, ce qu'elles s'obligent à faire dans le plus bref délai possible.*

Art. 18. — *La présente Convention sera mise à exécution dans le délai d'un mois, à partir de l'échange des ratifications, et demeurera en vigueur pendant un temps indéterminé, jusqu'à l'expiration d'une année, à partir du jour où la dénonciation en sera faite.*

Cette dénonciation sera adressée au gouvernement chargé de recevoir les adhésions. Elle ne produira son effet qu'à l'égard de l'Etat qui l'aura faite, la Convention restant exécutoire pour les autres parties contractantes.

Art. 19. — *La présente Convention sera ratifiée, et les ratifications en seront échangées à Paris, dans le délai d'un an au plus tard.*

En foi de quoi les plénipotentiaires respectifs l'ont signée et y ont apposé leurs cachets.

CONCLUSIONS

La présente Convention a, comme vous le savez, Messieurs, des partisans et des adversaires. Les uns et les autres sont sincères dans leurs revendications, et nous aimons à croire que c'est le grand désir de défendre les intérêts généraux qui, seul, a inspiré de si vives polémiques au sein de diverses commissions et dans la presse.

Pour notre compte, nous sommes partisans d'une Union internationale pour la protection de la propriété industrielle; nous la croyons utile dans l'intérêt de tous, nous la désirons aussi complète que possible, et nous serons heureux d'y voir entrer la plus grande partie des Etats. Mais, si nous approuvons l'existence d'une Convention, nous la voulons conforme à nos intérêts, et n'accordant point aux autres plus que nous ne recevons d'eux. Nous ne la voulons pas non plus sacrifiant notre travail national au profit de puissances qui, grâce à leur main-d'œuvre peu élevée, ou aux tarifs presque prohibitifs de leurs douanes, ne nous permettent pas d'introduire chez elles nos produits fabriqués, alors qu'elles peuvent introduire les leurs en France à des tarifs de beaucoup inférieurs.

Ici donc, nous réclamons encore la réciprocité la plus absolue, non en demandant l'élévation de nos droits à l'entrée, mais en priant le Gouvernement de ne traiter qu'avec des Etats usant à notre égard d'un régime douanier analogue à celui que nous leur appliquons.

C'est pour ces motifs, Messieurs, que nous avons l'honneur de vous proposer d'émettre les vœux suivants :

1° Que la Convention soit révisée ;

2° Que la France ne s'engage qu'envers des puissances pouvant lui offrir la réciprocité, tant pour les brevets que pour les tarifs douaniers ; qu'elle ne conclue de traité avec les Etats ne délivrant pas de brevets d'invention, que pour les marques de fabrique, les dessins ou modèles industriels et le nom commercial ;

3° Que les citoyens des pays ne faisant pas partie de l'Union ne soient point assimilés aux sujets des Etats contractants, parce qu'ils habitent un de ces Etats ou y ont un établissement commercial ou industriel ;

4° Que tous les brevets, qui jouiront du bénéfice de l'article 4, prennent date, pour leur expiration, du jour de la première demande faite dans l'un des pays de l'Union ;

5° Que l'article 5 soit entièrement supprimé ;

6° Que, dans tous les Etats de l'Union, les dispositions de l'article 9 soient applicables à tout produit portant faussement comme indication de provenance le nom d'une localité déterminée, lors même que cette indication ne serait pas jointe à un nom commercial ou fictif ; que soient réputés parties intéressées tout citoyen, ou tout groupe de citoyens engagés dans la fabrication ou le commerce du produit faussement dénommé et établis dans la localité indiquée.

DÉLIBÉRATION

La Chambre,

Après lecture de ce rapport, l'approuve à l'unanimité et déclare convertir en délibération les conclusions qui le terminent.

Elle décide que le rapport et la présente délibération seront envoyés à Monsieur le Ministre du Commerce, ainsi qu'à Messieurs les Sénateurs et Députés de l'Aube.

Fait et délibéré à Troyes, le 4 Décembre 1885.

Le Président,

E. FONTAINE.

Le Secrétaire-Trésorier,

G. MASSON.

IMPRIMERIE DUFOUR-BOUQUOT
DB
TROYES